BALLET ROYAL

De la naissance de Venus.

Dansé par sa Majesté, le 26.
de Ianuier 1665.

A PARIS,
Par ROBERT BALLARD, seul Imprimeur du
Roy pour la Musique.

M. DC. LXV.
Auec Priuilege de sa Majesté.

BALLET
ROYAL
De la naissance de Venus.

ARGVMENT

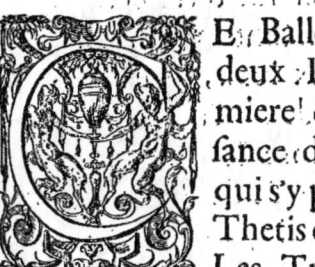E Ballet, est diuisé en deux Parties. La premiere contient la naissance de Venus, & ce qui s'y passe. Neptune & Thetis en font le Recit. Les Tritons annoncent la venuë de la Déesse. Elle sort dé la Mer sur vn thrône de nacre enuironnée de

A ij

Nereïdes; & peu apres est enleuée au Ciel par Phosphore & les Heures: Les Dieux Marins & les Déesses Marines se pressent de la voir. Les vents arriuent au bruit: Æole qui craint les desordres qu'ils ont coustume de faire, les resserre dans leur cauerne: Castor & Pollux asseurent qu'en faueur de cette naissance la nauigation sera desormais heureuse. Des Capitaines de Nauire, des Marchands & des Matelots s'éjouïssent à leur veuë. Les Zephirs qui auoient quitté les autres vents, pour porter sur terre cette heureuse nouuelle, en font la premiere part au Printemps, aux Ieux, & aux Ris; & tous ensemble se deuouënt à cette nouuelle Diuinité. Flore & Pales auec vne trouppe de Bergers & de Bergeres, protestent de ne receuoir jamais d'autres loix que les siennes.

Les Graces font le Recit de la seconde Partie, & publient que la puissance de

Venus

Venus s'eſtend par tout ce qu'il y a de plus grand dans l'Vniuers. La Paſſion que Iupiter conçoit pour Europe en ſert de preuue.

Ce Dieu changé en Taureau, trouuant ſur le bord de la Mer cette Nymphe qui ſe diuertit auec ſes compagnes, l'enleue: Apollon & Bacchus ne reſſentent pas moins les traits de la Déeſſe & de ſon fils que Iupiter. Le premier pourſuit Daphné dont il eſt eſperdument amoureux, elle eſt changée en Laurier: il en teſmoigne ſes regrets. L'autre trouue Ariadné dans l'Iſle de Naxe, où Theſée l'auoit abandonnée, & ſe marie auec elle: Et comme les plus grands hommes ne rendent pas moins de reſpect à cette ſouueraine du monde, des Sacrificateurs & des Philoſophes luy font vne offrande de fleurs & d'encens dans ſon Temple de Paphos. Les Poëtes les plus renommez poſent ſur ſon Autel leurs

B

oüurages & leurs Couronnes de Laurier. Les plus celebres Heros de la Terre auec les Heroïnes, dont ils font efpris, font connoiftre que l'Amour eft la plus noble de toutes les Paffions; Pour marque enfin que la puiffance de Venus paffe jufqu'aux Enfers: Orphée par fon affiftance y defcend, follicite Pluton & Proferpine de luy rendre Euridice: Elle luy eft accordée, & pour fon inconfideration, auffitoft rauie par les Ombres, qui terminent la feconde Partie.

Ce fujet eftoit capable d'vne plus grande eftenduë; mais le lieu ou il fe reprefente ne le fouffrant pas, Madame a qui le ROY en a laiffé la conduite, a jugé à propos de le renfermer en douze Entrées: Ceux qui connoiffent la Beauté de l'Efprit de cette admirable Princeffe, jugeront aifément que les plus agreables inuentions luy en font deuës. Elle a ordonné au Duc de S. Aignan d'y employer ses soins; aussi luy appartient-il autant par la belle galanterie qui luy est naturelle, que par la fonction de sa Charge de regler les Festes de cette qualité, que le Roy honnore de sa presence. Les Vers partēt d'vne source qui ne s'espuise point, le brillant en fait assez connoistre l'Autheur.

PREMIERE PARTIE.

Neptune & Thetis, suiuis de plusieurs Tritons qui composent le corps de la Musique, font entendre par les Vers qu'ils chantent, la gloire qu'ils ont qu'vne Déesse d'incomparable beauté, qui doit regner dans tout l'Vniuers, naisse dans leur Empire.

Recit de Neptune, de Thetis, & des Tritons.

NEPTVNE. Mr Estiual.

Taisez vous, flots impetüeux,
Vens, deuenez respectüeux,
La Mere des Amours sort de mon vaste empire.

THETIS. Mademoiselle de la Barre.

Voyez comme elle brille en s'éleuant si haut,
Ieune, aymable, charmante, & faite comme il faut
Pour imposer des loix à tout ce qui respire.

TRITONS.

Quelle gloire pour la Mer
D'auoir ainsi produit la Merueille du Monde!

Cette

Cette Diuinité sortant du sein de l'Onde
N'y laisse rien de froid, n'y laisse rien d'amer,
Quelle gloire pour la Mer.

NEPTVNE.

Tout fléchit sous ses traits vainqueurs
C'est vn Ecueil pour tous les cœurs
Qui n'osent de leur mal dire la violence.

THETIS.

Dans vn peril si doux & contre tant d'ardeur,
Ah que de nos Poissons heureuse est la froideur,
Et plus heureux encor leur éternel silence !

TRITONS.

Elle va tout enflammer,
Et faire aux libertez vne innocente guerre,
Il ne fait pas si beau maintenant sur la Terre,
N'y si clair dans le Ciel, n'y si chaud dans l'Enfer.
Quelle gloire pour la Mer.

Noms des Tritons.

M^{rs}. Le Gros, Don, Gingan, Magnan, Fernon, Blondel, Rebel, Richart, Lange, & François, Page. Les Sieurs Descousteaux, Nicolas, Iean & Martin Hottere, Marchand, Laquaisse, Laquaisse le cadet, La Fontaine, Charlet, Destouches, Huguenet, les deux le Roux, le Peintre, Bary, Guenin, le Gralx, Heugé, Magny, & Halais.

C

PREMIERE ENTRE'E.

LE Theatre repréſente la Mer, & les meſmes Tritons qui l'enuironnent annoncent la naiſſance de Venus, qui parroiſt auſſi-toſt ſur vn thrône de nacre dans vn eſclat merueilleux: Au tour d'elle s'eſleuent peu à peu douze Nereïdes qui l'admirent, la reuerent, & danſent auec elle; après quoy elle ſe repoſe ſur le meſme thrône: Et Phoſphore, ce bel Aſtre du point du jour, qui de ce moment ſe donna à la Déeſſe, & en porta le nom; & quatre des Heures deſcendent dans vne machine brillante, & la conuient de monter au Ciel, où elle eſt attenduë de la trouppe des Dieux, elle y eſt enleuée, pendant que les Tritons continuent leur Muſique, & que les Nereïdes & la nacre diſparoiſſent.

Venus, & ſes Nereïdes, Eſtoille du point du jour, & les Heures.

VENVS. MADAME.
NEREIDES. Madame la Ducheſſe de Bouillon,

Mademoiselle d'Elbeuf, Madame la Duchesse de Crequy, Madame la Comtesse de Viuonne, Madame la Comtesse du Plessis, Madame la Comtesse de Gramont, la Marquise de Vibraye, Mademoiselle de Pons, Mademoiselle de Brancas, Mademoiselle Castelnau, Mademoiselle Dampierre, Mademoiselle de Fiennes.

Pour MADAME VENVS.

Voila ce que le Monde a de plus precieux,
Vne Diuinité visible & manifeste,
L'ornement de la Terre, & la gloire des Cieux,
C'est Venus en vn mot, mais pure, mais celeste,
L'Histoire en parle ainsi, la Fable dit le reste,
De ses diuins regards nous voyons tous les jours
Comme éclairs naistre en foule, & mourir les
    Amours,
C'est leur fatalité que chacun d'eux perisse,
L'esperance est vn laict trop necessaire à tous,
Et ces pauures enfans si tendres & si doux
    Meurent faute de Nourice.

Elle imprime dans l'Ame vne douce langueur,
Et sans auoir fléchy sous le joug qu'elle impose
Inspire à tous les cœurs ce qui manque à son cœur,
Ainsi l'Astre du jour embraze toute chose,

Et, ne se ressent point de la chaleur qu'il cause,
Ses traits pour vaincre tout n'ont qu'à se laisser
    voir,
Tout reconnoist ses loix, tout cede à son pouuoir,
Comme la plus aymable elle emporte la Pomme ;
Mais par qui luy seroit cet honneur disputé
Lors qu'il est question du prix de la Beauté,
  Et que le Iuge est vn Homme ?

   L'on diroit qu'elle est seule à la voir comme elle est,
Cependant regardez le Train qui l'enuironne,
Ces Beautez à qui rien que leur beauté ne plaist
Luy cedent neantmoins, Elles que l'on soupçonne
Ne faire la dessus de quartier à personne
Chacune dont l'éclat par elle est confondu
Tasche à se r'aquiter de ce qu'elle a perdu,
Et l'vne contre l'autre aspire à la reuanche,
Au reste de la gloire on les voit s'animer,
Et l'on y reconnoist leur pante à s'entr'aymer
    Si naturelle & si franche.

Conuersation

CONVERSATION DES NEREÏDES.

Mademoiselle d'Elbeuf. NEREÏDE.

TAndis que nous voicy sur le bord du riuage,
Mes Cōpagnes, mettons le discours en vsage;
Le silence pour nous est vn terrible frain,
Parlōs, mais je vous prie est-ce à moy qui me treuue
  Nereïde encor toute neuue
  A mettre ainsi le monde en train?

La Duchesse de Bouïllon. NEREÏDE.

VOus estes serieuse vn peu trop ce me semble,
A mille petits jeux joüons plûtost ensemble,
Courons l'vne apres l'autre, & nous jettons de l'eau.
Si je voulois pourtant faire vostre tableau,
Ie vous peindrois ainsi. Beauté charmāte & blonde,
Vous aueʒ vne taille, vn teint, des traits, des yeux,
Et par dessus cela vous auez des cheueux
Les plus longs, les plus fins, les plus épais du monde.
  Et mesme lors que je voudrois
D'vne autre Nereïde * exprimer le merite,   * M. de
  Qui fait du bruit en mille endrois,   Crequy.
  Et dont la bouche est si petite,

D

Voicy comme je m'y prendrois.
Personne en vous voyant ne peut demeurer libre,
Mais quoy que vous soyez si belle aux yeux de tous,
La retraite en tout temps vous semble un bien si
   doux
Que vous n'auriez point fait encor parler de vous,
Si vous n'auiez brouillé la Seine auec le Tibre.

La Duchesse de Crequy. NEREÏDE.

ET je vous répondrois que vous vous dérobez
A vous-mesme l'éloge ou pour moy vous
   tombez.
Quel miracle par vous n'est mis en éuidance ?
Joindre tant de jeunesse auec tant de prudance,
Faire de si bonne heure un ménage si bon,
   Iamais petite Nereïde
S'est elle mieux conduite auecque son Triton
   N'ayant qu'elle seule pour guide ?
A vous toutes enfin plus belles que le jour,
   Et faites comme sont les Anges
C'est proprement à vous à donner de l'amour,
   Et non pas des loüanges :
Mais gardons, sy vous plaist, voftre encens &
   le mien
      Pour un sujet qui le vaut bien * *M. de
      Il est de mise Gramont.

En faueur de cette Beauté
Qui nous ariue du costé
De la Tamise
Auec tant de douceur & tant de majesté.

La Comtesse de Gramont.   NEREÏDE.

VOus honorez beaucoup vne pauure estragere
  Qui ne se pique de rien,
  Sinon d'auoir mis à bien
L'ame la plus errante, & la plus passagere
Qui jamais ait brusté dans de friuoles feux,
Nous nous sommes liez d'indissolubles neux,
  Et nous estant pris tous deux
  Nous auons purgé l'Hymenée
  De cette ordure enracinée
  L'interest & le profit,
Et sommes l'vn à l'autre vn bien qui nous suffit.
Mais je vous ay déja mon ame déuoïlée,
  Et j'ariue icy fraichement,
Ie trouue vostre Mer vn peu trop défalée
  Pour vous parler si franchement ;
Sur tout vne de vous, aimable, jeune, fine *   *La C.
Parmy tous ses attraits me semble auoir la   du Pless
  mine   sis.
De connoistre aussi bien que personne aujourd'huy
Dans le fonds de son cœur les manquemës d'autruy;

Mais elle est genereuse & bonne
Et je ne doute point qu'elle ne les pardonne.

La Comtesse du Plessis. NEREÏDE.

JE ne sçay pas trop bien si vous parlez à moy,
Il me semble en tout cas qu'il faut que je réponde,
N'est-il pas naturel quand on n'a rien chez soy
De ne pas ignorer les intrigues du monde?
Les secrets sont plaisans, quoy qu'on m'ait dit que tous
N'en valent pas vn bon quand il est bien à nous:
De ce fragile mets on peut estre affamée.
Telle ne viura point d'vne telle fumée,
Telle plus délicate aussi s'en nourira,
Et fut-on Nereïde, ou chagrine, ou déuote,
  Quelqu'vne de nous vous dira
Qu'on ne peut pas toûjours se tenir dans sa Grote.

La Comtesse de Viuonne, NEREÏDE.

IL est vray que je sors de mon antre profond
Pour rendre à la Déesse vn hommage fidelle,
Et ce que par plaisir toutes les autres font
Ie le fay pour l'honneur de danser auec elle,
Mais je danseray mieux, & bien plus à propos
Au retour d'vn Epoux si fameux sur les flots,
         De

De quels transports de joye auray-je l'ame pleine!
A toute heure je croy qu'il s'en va reuenir,
Et jusqu'à la moindre Balaine
Tout m'en fait ressouuenir.

La Marquise de Vibrayé. NEREÏDE.

SI l'on en danse mieux, & qu'on en soit mieux
faite
De reuoir vn Epoux qui s'en estoit allé,
Ie voy toûjours le mien dont je suis satisfaite,
Et j'ay ce qu'il me faut à cause que je l'ay:
Ce n'est pas qu'apres tout nous autres Nereïdes
N'ayons à soûtenir des deuoirs bien rigides,
Et de tant de Maris qui regnent aujourd'huy,
Ie tien que le mieux fait, & le plus raisonnable
Ne laisse pas toûjours d'estre vn peu redeuable
A sa chaste Moitié qui ne pense qu'à luy.

Mademoiselle de Pont. NEREÏDE.

SVivant les doctes discours
Que nous tiennent tous les jours
Les Coquettes, & les Prudes
Des Galans, & des Epoux,
Les vns sont vn peu trop rudes,
Les autres vn peu trop doux,

E

Celle qui d'vn air timide
Balance entre ces deux maux
A proprement parler c'est vne Nereide
Qui nage entre deux eaux.

Mademoiselle de Brancas.   NEREÏDE.

IL ne faut pas qu'en prudence on excede,
Et contre des soucis cuisans
C'est vn souuerain remede
Que de n'auoir que quinze ans;
Que le vent souffle, & que l'onde
Gronde tant qu'il luy plaira,
L'on se sçait apres tout le meilleur gré du monde,
Quand on est belle, jeune & blonde,
En arriue ce qui pourra.

Mademoiselle de Castelnau.   NEREÏDE.

IE suis de vostre auis, mais pourtant c'est dōmage
Qu'vne jeune Beauté dans sa perfection
A qui tout deuroit rendre hommage,
Ne fasse pas au cœur assez d'impression:
On m'a dit que l'Amour en fourberie abonde,
Et que quiconque a trouué dans le monde
         Vne belle passion
A trouué sur nos flots le nid de l'Alcyon.

A trouué le Phénix, a trouué cette Pierre
Qui seroit aux Humains d'vn raport infiny,
Et pour parler enfin comme on parle sur terre,
A trouué la pie au nid.

Mademoiselle Dampierre. NEREÏDE.

HElas, vous l'auez dit, nous auons des apas,
Vne taille, des yeux, des dents, de la jeunesse,
   Comme si nous n'en auions pas
   De la maniere qu'on nous laisse.
L'on s'y prend auec nous d'vne étrange façon,
   Et parmy la pluspart des Hommes
   S'informe t'on si nous sommes
   Seulement chair ou poisson ?

Mademoiselle de Fiennes. NEREÏDE.

IL est quelques gens curieux,
Et qui donneroient des batailles
Pour tascher d'excroquer vn regard de nos yeux,
Et pouuoir profiter d'vne de nos écailles;
   Vne veritable langueur
   Prouue ce qui les touche,
   Ils n'ont rien dans la bouche
   Qui ne soit dans le cœur:
   Ils sont bien-faits, & peut-estre...

*Mais quel Astre nouueau commence de pa-
  reftre ?* *   * MONSIEUR.
Ne feroit-ce point l'Amour
Qui vient faluër fa Mere ?
Non, je ne me trompois de guére
C'est l'Estoille du point du jour,
Qu'elle a d'éclat, toutes enfemble
Difons luy ce qui nous en femble.

Pour MONSIEUR, *L'Estoille du point du jour.*

CLarté, qui dans le Ciel n'estes pas la premiere,
Vous y touchez de prés, & comme vous luifez,
Il n'est pas difficile à voir que vous puifez
   Dans le centre de la lumiere.

Autour de voftre chef la nuë épaiffe & noire,
En fait mieux éclater cette viue lueur,
Qui je ne fçay comment penetre dans le cœur,
   Vous nous en deuez toutes croire.

Vous auez de la Nuit percé le fombre Voile,
Et ne pouuiez briller fur de plus doux apas,
L'adorable Venus auffi ne pouuoit pas
   Choifir vne meilleure Eftoille.
                                L'Autheur

L'Autheur à MONSIEVR.

Ouze jeunes Bouches vermeilles
Viennent de chanter vos merueilles,
Bel Astre, apres cela qui s'oseroit joüer
A vouloir entreprendre aussi de vous loüer?
Par elles comme il faut la loüange est semée,
Et pour faire voler la vostre en mille lieux,
   Ces douze Bouches valent mieux
   Que les cent de la Renommée.

Les quatre Heures du jour. Madame de Crussol, la
  Comtesse de Guiche, Madame de Montespan,
    Madame de Rochefort.

Madame de Crussol. HEVRE.

Es belles Hotesses de l'Onde
Ont tant qu'il leur a plû parlé deuant le monde,
N'auions nous pas aussi fait le mesme complot?
Elles ont entrepris ce que les autres n'ozent,
   Quoy faut-il quand les Poissons causent
   Que les Heures ne sonnent mot?
Parlons, jeune Beauté * de tant d'attraits *La C. de
   pourueuë,   Guiche.
Chacun croit vous voyāt que son Heure est venuë,

F

Et quand je vous obserue, & qu'il me resouuient
Qu'on dit communemēt que l'Amour a son Heure,
　Ie m'imagine ou je meure
　Que déja l'Amour vous tient,
Vous n'en serez jamais sufisamment payée :
Ha que vous meritez d'estre bien employée.

La Comtesse de Guiche. HEVRE.

IE vous rends ce discours si flateur & si doux,
　Il est mal-aisé qu'on le croye ;
　Et je sens vne extréme joye
　D'estre en mesme Cadran que vous.
Mais voicy l'Heure la plus belle, *   _{* M. de Montespan.}
Et si quelqu'vn est digne d'elle,
Et que ce soit quelque Berger
　Qui sçache bien la ménager,
Qui soûpire à propos, qui languisse & qui
　　pleure,
Voila son Heure.

Madame de Montespan. HEVRE.

NE croyez pas qu'il m'importe beaucoup
　Que je la sois du Berger ou du Loup,
Les ordres du destin m'ont-ils pas apellée
A la condition d'vne Heure bien réglée ?

Jusqu'à la fin pourquoy n'irois-je pas
Sans m'écarter de ma route d'un pas?
   Il faut que le Temps roule
   Sans cesse un mesme train,
   Et que le sable coule
   Iusqu'à son dernier grain.

Madame de Rochefort.   HEVRE.

MArchons d'un ordre égal, & nous suiuons
      de prés,
   Toûjours à droit jamais à gauche,
   Le rabillage est de grands frais
   Lors que la Montre se débauche,
   Les excés ne nous valent rien
   Soit en lenteur, soit en vitesse,
   Tant que l'éguille marque bien
   L'on admire nostre justesse,
Mais que l'on n'aille pas aussi comme l'on doit
   Tout le monde nous montre au doit.

II. ENTRÉE.

Glaucus, Palemon, Prothée, Leucothoé, Cimodocé & Lycoris Dieux & Déesses de la Mer, ayant ressenty dans leurs demeures froides cette douce impression, que respandoit dans toute la nature cette admirable Déesse au point de sa naissance, en viennent tesmoigner leur joye, & la voyant encore en l'air luy rendent leurs hommages, & enuient au Ciel la possession d'vn bien si precieux.

Dieux, & Déesses Maritimes.

Dievx. Les Marquis de Villeroy, de Mirepoix, & de Rassan.
Déesses. Monsieur de la Lanne, les Sieurs Noblet, & la Pierre.

Pour le Marquis de Villeroy. DIEV MARIN.

Ceux qui sont comme vous sont bien faits, ont
  du cœur,
Aux grandes actions de bonne heure ils se portent,
Auec empressement vont chercher de l'honneur,
Et ne reuiennent point aussi qu'ils n'en raportent:

Mais

Mais lors qu'vne innocente & crédule Beauté
Se laisse aller trop viste à ce qu'ils ont d'aimable,
Elle éprouue aux dépens de sa sincerité
Que ces beaux Dieux-Marins sont des Dieux de la Fable
Quy n'ont rien de solide, & rien de veritable.

Pour Monsieur de la Laine.   DEESSE MARITIME.

CEtte Déesse Maritime
N'a rien trouué sur la Mer
De difficile, & d'amer
Pour acquerir de l'estime.

III. ENTRÉE.

LEs Vents accourent au bruit qu'ont fait les Tritons, & comme leur humeur impatiente porte le trouble par tout: Æole leur Roy, déja touché de la beauté de la Déesse, preuient le desordre qui peut arriuer, & les enferme dans leur cauerne.

Æole, & les quatre Vents.

ÆOLE. Le Comte d'Armagnac.
Les quatre Vents. Monsieur Coquet, Monsieur le Prestre, les Sieurs Chicanneau, & S. André.

G

Le Comte d'Armagnac.   ÆOLE.

AVX DAMES.

POur ces fiers Aquilons je les renferme tous,
Et ne laiſſe aller juſqu'à vous
Que de certains Vens doux & tendres
Qui vous prouuent que vous aueʒ
Par le feu de vos yeux reduit mon cœur en cendres,
Je ne vous diray point leur nom vous le ſçaueʒ,
Mais ſçacheʒ troupe aimable & belle,
Que je ſuis conſtant & fidelle,
Ne me défaiſant point de l'amour que je prens,
Et que mon Peuple & moy ſommes tres-differens:
De plus je ſuis bien fait, d'vne telle loüange
Quelqu'autre en ma faueur ſe fut mieux aquité,
Sy j'oſe vous le dire, il n'eſt pas fort étrange
Que le Prince des Vents ait de la vanité,
Souffreʒ ce petit mot, c'eſt bien la moindre choſe
Que puiſſe dire vn Dieu de la Métamorphoze.

IV. ENTRE'E.

CAſtor & Pollux freres gemeaux viennent marquer par leur preſence que la Paix va regner ſur les Eaux, il y patoiſt meſme des Alcions qui volent autour de leurs nids, deux

Capitaines de Nauire, deux Marchands, & deux Pilottes sont transportez de joye à leur rencontre, pour l'asseurance qu'ils ont qu'à l'aduenir la nauigation sera heureuse.

Castor, & Pollux, deux Capitaines des Vaisseaux, deux Marchands, & deux Mariniers.

CASTOR. Le Duc de S. Aignan.
POLLVX. M. Beauchamp.
Deux Capitaines de Vaisseaux. Le Marquis de Seguier, & Monsieur Villedon.
Deux Marchands. Les Sieurs Des-Airs le jeune, & le Mercier.
Deux Mariniers. Messieurs de Touruille-Gruchet & la Marre.

Pour le Duc de S. Aignan.   CASTOR.

*A*Pres cent actions d'éternelle memoire
Qui font que vous auez grande part à la gloire
Des fameux Conquérans de la noble Toison,
Iupiter vous éleue & fait enfin raison
Au merite éclatant qui pare nostre Histoire:
Il vous a de sa main transporté dans les Cieux,

Et vous ayant ôté la dépoüille mortelle
Vous fait aller du pair auec les autres Dieux,
De là cette bonté genereuse & fidelle
De qui la solicite est toujours le suport,
C'est ce feu reclamé qui brillant sur leur teste
Présage aux malheureux la fin de la tempeste,
Et leur fait esperer les délices du port.

Pour le Marquis de Seguier, Cap^{ne} de Vaisseau.

Dans vostre personne on remarque
Beaucoup de bonnes qualitez,
Mais pour bien conduire la Barque
Sufit du Nom que vous portez.

V. ENTRÉE.

ET comme la joye de cette naissance ne s'estend pas seulement sur la Mer, mais encor sur la Terre: Le Theatre change de face, & represente le Mois de May toutes ses fleurs, & toute sa verdure. Les Zephirs qu'Æole connoissant leur douceur n'auoit point enfermez auec les autres vents en portent la nouuelle au Printemps, aux Ieux & aux Ris, & tous ensemble le consacrent à la Déesse, protestant de n'en reconnoistre jamais d'autre.

Le Printemps, les Ris, les Ieux, & les Zephirs.

Le Printemps. Monſieur LE DVC.
Les Ris. Le Duc de Sully, & le Comte de Saults.
Les Ieux. Les Marquis de Soyecourt, & de Genlis.
Zephirs. Les Marquis de Villequier, & de Termes.

Pour Monſieur LE DVC.   PRINTEMPS.

VN tel Printemps a le don
De produire des fleurs d'éternelle durée,
Et qui ſentent toûjours bon,
La terre eſt toute parée
Du ſeul éclat de ſon Nom.
Pour rendre vne campagne belle
Il ne manque point d'ardeur,
De force ny de verdeur,
Encore moins de modelle.

Pour le Duc de Sully.   RIS.

CE n'eſt pas tout d'auoir les Jeux & les
    Amours,
L'allegreſſe ſans nous n'eſt jamais aſſez grande,
Et le Train de Venus eſt délabré toûjours
Si les Ris ne ſont de la bande.

H

Pour le Comte de Saults. RIS.

IL se cache bien des flames
 Sous ce dissimulé Ris,
Autant qu'il est doux aux Femmes
 Il est amer aux Maris.

Pour le Marquis de Soyecourt. IEV.

TEl Ieu ne manque point de solides apas,
 Et qui sont à la Cour d'vne vogue infinie,
A vous dire le vray je ne vous répons pas
 Que ce soit jeu sans vilenie.

Pour le Marquis de Genlis. IEV.

QV'il soit beau, qu'il soit laid, je n'en veux
 plus rien dire
 I'en ay fait vœu,
Ne parler d'autre chose, & toûjours en écrire
 C'est le vieux jeu.

Pour le Marquis de Villequier. ZEPHIR.

CE Zephir est bien fait, & lors qu'il tasche à
 plaire
Il vient facilement à bout de son desir,
Mais si parauanture il se met en colere
C'est plutost l'Aquilon que ce n'est le Zéphir.

Pour le Marquis de Termes. ZEPHIR.

*Q*Ve ce Vent répand de douceurs !
 Il est de sa nature
De causer du murmure
Parmy toutes les fleurs,
Legerement il touche
Leurs fragiles apas,
Et quand mesme il les couche
Il ne les flétrit pas.

VI. ENTRE'E.

VN des Zephirs galant secret de Flore s'estoit escarté de sa troupe, pour luy donner aduis de la resioüissance qui commençoit de se publier : Elle en fait part à Palés qui assemble aussi-tost ses Bergers, & tous jugeant bien que cet éuenement alloit combler leur champs d'abondance & de felicité, tesmoignent les sentimens qu'ils en ont par vne dance agreable, & par le vœu qu'ils font d'vne felicité inuiolable au culte de la Déesse.

Flore, Palés, trois Bergers,
& trois Bergeres.

FLORE. Le Comte de Sery.
PALÉS. Le Marquis de Mirepoix.
BERGERS. Messieurs d'Heureux, Beauchamp,
& Raynal.
BERGERES. Monsieur Molier, les Sieurs de Lorge,
& de Gan.

Pour le Comte de Sery.   FLORE.

L'On void par tout vostre gloire s'étendre,
Chaque campagne en augmente le bruit,
 Que n'auez vous lieu d'en attendre
Si par la fleur on doit juger du fruit?

Pour le Marquis de Mirepoix.   PALÉS.

ICy je represente vne obscure Déesse
Qui préfere les champs au sejour des Palais,
Et je ne pense pas qu'à la Cour on connoisse
 La Déesse Palés.

Fin de la premiere Partie.

SECONDE PARTIE.

LEs Graces, Aglaïe, Thalie & Euphrosine se vantent de l'honneur qu'elles ont d'estre appellées au seruice de Venus, dont le pouuoir se va faire paroistre sur tout ce qu'il y a de Diuinitez dans le Ciel, de Heros sur la Terre, & de Puissances dans les Enfers.

Recit des trois Graces.

Representées par Mesdemoiselles de la Barre, Hilaire, & de S. Christophle.

Mademoiselle Hilaire.

ADmirons nostre jeune & charmante Déesse.

Mademoiselle de la Barre.

Parlons de sa beauté, parlons de son esprit.

Mademoiselle de S. Christophle.

N'auons-nous pas l'honneur de nous mesler sans
  cesse
Dans tout ce qu'elle fait, dans tout ce qu'elle dit?

Mesdemoiselles Hilaire, & de S. Christophle.

Nous ne sommes que trois, il en est cent chez elle
Dont l'attachement est plus doux.

Mademoiselle de la Barre.

L'on en voit plus de cent qui sont à cette Belle
A meilleur titre que nous.

TOVTES TROIS.

Suiuons toûjours ses glorieuses traces
Sans l'abandonner d'vn pas,
Ah! qu'elle a bien d'autres graces
Qui ne l'abandonnent pas.

Mademoiselle Hilaire.

Peut-on bien soûtenir de si viues lumieres?

Mademoiselle de la Barre.

Peut-on bien éuiter la douceur de ses traits?

Mademoiselle de S. Christophle.

Qui connoist vne fois son air & ses manieres
Il en a pour sa vie, & n'en reuient jamais.

Mesdemoiselles Hilaire, & de S. Christophle.

Nous ne sommes que trois, &c.

PREMIERE ENTRÉE.

IVpiter le souuerain maistre des Dieux ressent le premier le doux charme que respend dans les cœurs cette aymable Diuinité, & pour satisfaire à la passion qu'il a conçeuë pour Europe, descend en Terre déguisé : Cette Nimphe & ses Compagnes se diuertissant dans vn pré émaillé de fleurs, dont elles se faisoient des couronnes, sont surprises de voir au milieu d'elles vn Taureau d'vne extréme blancheur, & d'vne douceur nompareille : Elles le flatent, elles se joüent autour de luy, & le couronnent des fleurs qu'elles auoient cüeillies ; & comme il se baisse à dessein, Europe qui s'en voit plus caressées que les autres, s'assiet innocemment sur son dos : Il se leue, se dérobe à la veuë des autres Nimphes, & passant la Mer auec vne si douce charge, la porte en vne des parties du Monde qui prend son nom: Cependant ses Compagnes s'affligent, & du déplaisir de la perdre, rompent les couronnes, & les bouquets dont elles s'estoient parées.

Europe, & six Nimphes.

Europe. Monſieur de Souuille. *Nimphes.* Les Sieurs La Marre, Magny, Tutin, Des-Airs le Cadet, Noblet le jeune, & Mainuille.

Pour l'enleuement d'Europe.

IVpiter amoureux d'Europe
Sous diuerſe forme enuelope
 Sa coquete Diuinité,
Et pour taſcher de plaire à la jeune Beauté,
 Il en entreprend la conqueſte
Comme vn Dieu, comme vn Homme, & puis
  comme vne Beſte,
Le Dieu reüſſit mal aupres de ſes apas,
L'Homme pour la ſéduire eut d'inutiles flames,
Mais, & cela ſoit dit à la gloire des Dames,
 Le Taureau ne la manqua pas.

II.

II. ENTRE'E.

Apollon n'eſt pas moins ſoûmis à la puiſ-ſance de Venus; le jour qu'il retournoit de la deffaite du Serpent Pithon armé de ſon Arc & de ſon Carquois, & glorieux d'vn ſi important ſucces, il rencontre fortuitement Cupidon, fils de la Déeſſe, qui portoit de meſmes armes que luy, il s'en offence; & teſmoignant qu'il luy appartenoit bien de porter vn flambeau, mais non pas vn Arc & des Fléches, il ſe met en deüoir de les luy oſter: Cupidon ſe retirant l'atteint d'vne Fléche, dont la pointe eſtoit de pur or, & trouuant en meſme temps Daphné, luy en tire vne autre dont la pointe eſtoit de plomb, & s'eſchappe. Apollon conſiderant la beauté de la Nimphe en deuient eſperduëment amoureux: Elle au contraire le fuit, & eſtant viuement pourſuiuie, ſe trouue changée en Laurier: Ce Dieu fait ſes regrets autour d'elle, & ſe forme vne couronne d'vne de ſes branches, luy promettant qu'à l'aduenir en memoire de l'amour qu'il auoit eu pour elle, tous les vaillans & tous les ſçauans porteroient des couronnes de Laurier.

K

Apollon, Daphné, & Cupidon.

APOLLON. Le Marquis de Beringuen.
DAPHNÉ. Mademoiselle de Vetpré.
CVPIDON. Fauier le fils.

Pour le Marquis de Beringuen. APOLLON.

COmmençant a briller, & plain de ces apas
Qui des cœurs les plus durs amolissent le
marbre,
A l'âge ou volontiers on ne s'amuse pas
A soûpirer pour vn arbre,
Courez, jeune Apollon, aprés quelque Daphné,
Et soyez rarement de sa fuite étonné,
Pour se laisser ateindre ainsy court la plus fine,
Toutes à la verité
Ont quelque legereté,
Et ne prennent pas racine.

III. ENTRÉE.

BAchus auoit long-temps gousté les plaisirs des champs & de la bonne chere auec ses Faunes, sans qu'il eut encore reconnu l'Empire de l'Amour & de sa Mere. Reuenant de la

conqueste des Indes, suiuy d'vne trouppe de
ses noūueaux sujets, il passe en l'Isle de Naxe,
& y trouue Ariadné abandonnée aux pleurs
& à la douleur, pour l'infidelité que Thesée
luy auoit faite, il l'ayme, il se marie auec elle;
& pour marque de son affection change la
couronne de pierreries qu'elle auoit sur la teste,
en vne autre d'Estoilles, qu'il place dans le
Ciel.

Bachus, Ariadné, deux Indiens, deux Indiennes, & quatre Faunes.

Bachus. Monsieur de Lully. *Ariadné.* Le Sieur la Pierre.
Deux Indiens. Les Sieurs Chicanneau, & le Chantre.
Deux Indiennes. Les Sieurs Bonard, & Noblet.
Quatre Faunes. Monsieur Mançeau, les
Sieurs Vagnard, Paysan, & Balthasar.

PLAINTES D'ARIADNE.
Mademoiselle Hilaire.

Rochers, vous estes sourds, vous n'auez rien
  de tendre,
Et sans vous ébranler vous m'écoutez icy,
L'ingrat dont je me plains est vn Rocher aussi:
Mais helas! il s'enfuit pour ne me pas entendre.

Ces vœux que tu faisois, & dont j'estois charmée,
Que sont-ils deuenus, lasche & perfide Amant ?
Helas ! t'auoir aymé toûjours si tendrement,
Estoit-ce vne raison pour n'estre plus aymée ?

Pour Monsieur de Lully. BACHVS.

Allez, aueugle Amour, tirer en autre lieu,
En vouloir à Bachus quel caprice est le vostre ?
Gardez vous sy vous plaist de prendre l'vn pour
  l'autre,
Et n'allez pas percer le Tonneau pour le Dieu.

IV. ENTRÉE.

LE Theatre change de face, le Temple de Paphos dedié à Venus s'ouure, & sa Statuë s'y fait voir: Quatre de ses Prestres luy sacrifient de l'encens & des fleurs nouuelles, la Déesse estant ennemie du sang des Victimes qui se répend sur les Autels des autres Diuinitez: Quatre Philosophes qui assistent au sacrifice, aduoüent que la nature ne subsiste que par elle, que le Ciel, & ce qui en est enuironné n'est paré que de ses Graces; & que tout ce qui naist dans les Airs, sur la Terre & dans les Eaux, ne respire que ses douces influences.

Sacrificateurs

Sacrificateurs, & Philosophes.
Sacrificateurs. Monsieur de Laleu, les Sieurs le Mercier, Magny, & Des-Airs le jeune.
Philosophes. Messieurs d'Heureux, Beauchamp, Des-Airs l'aisné, & S. André.

V. ENTRÉE.

SIx Poëtes, Theocrite, Anacreon, Ouide, Tibulle, Dante & Petrarque, viennent adorer la Diuinité, & reconnoissent que quelque secours qu'ils ayent tiré des Muses pour la composition de leurs ouurages, ils luy en doiuent neantmoins tout l'honneur; & en action de graces posent sur son Autel leurs Liures, & les Couronnes dont Apollon les auoit honnorez sur le Parnasse.

Six Poëtes.

Poëtes. Monsieur de Souuille, M. Doliuet, & les Sieurs le Chantre, Desaunets, de Gan, & Tutin.

Pour les Sacrificateurs, Philosophes, & Poëtes.

C'Est l'ordre du Destin que tout ordre se range
Sous le joug ou Venus a mis to⁹ les Humains,

L

L'on ne resiste point à cette force étrange;
Et c'est vn feu qui prend aux endroits les plus saints;
Du bout du monde a l'autre éclate l'incendie,
Le Parnasse est sujet à cette maladie,
Le sage mesme y tombe a sa confusion,
Plus vous cachez la playe, & plus elle vous blesse,
C'est principalement en cette occasion
Où la Philosophie étale sa foiblesse.

VI. ET DERNIERE ENTRÉE.

LEs plus grands & les plus vaillans Heros de la Terre, ont toûjours esté estimez de s'estre soûmis à la puissance de cette Reyne de l'Vniuers; & dans les plus grandes passions qu'ils ont euës pour la guerre, & pour la gloire qui en naist, ont toûjours entretenu celles qui leur ont esté inspirées par cette Déesse: Tesmoin Hercule, Iason, Achille, & Alexandre, qui dansent auec Omphale, Medée, Briseis, & Roxane; & finissant leur Entrée sont surpris d'vn concert de Musique, ils l'escoutent, & reconnoissent que c'est le triste Orphée qui se resout d'aller demander à Pluton & à Proserpine sa chere Euridice, fauorisé qu'il est de

Venus, dont le pouuoir ne s'eſtend pas moins ſur les Enfets, que ſur la Terre & ſur les Cieux; & ayant plaint le ſort malheureux de cét Amant ſe retirent. Le Theatre change de face, & les Enfers s'ouurent: Orphée ſe jette aux pieds de Pluton & de Proſerpine, & les conjure par la puiſſance de Venus de luy rendre ſon Euridice, elle luy eſt accordée, à condition de ne la regarder que lors qu'il ſera arriué ſur la Terre. Pluton, & Proſerpine retirez, Orphée & Euridice danſent quelque temps ſans ſe regarder: Orphée vaincu de l'impatience de ſon amour ſe tourne vers Euridice; huit Ombres l'enleuent & la renferment; Orphée les pourſuit, & les prie inutilement: Et le Ballet ſe termine par la danſe des Ombres.

Alexandre, Achille, Hercule, Iason, Roxane, Briseis, Omphale, Medée, Orphée, Pluton, Proserpine, Euridice, & huit Ombres.

ALEXANDRE. LE ROY.
Achille. Le Marquis de Villeroy.
Hercule. Le Marquis de Raffan.
Iason. Le Sieur Raynal.
ROXANE. MADAME.
Briseis. Madame la Duchesse de Sully.
Omphale. Mademoiselle de Seuigny.
Medée. Madame la Marquise de Vibraye.

Concertans d'Orphée.

ORPHE'E. Le Duc de S. Aignan.
Pluton. M. Beauchamp.
Proserpine. Monsieur Molier.
Euridice. Le Sieur de Lorge.
Ombres. Le Comte d'Armagnac, le Duc de Sully, Monsieur Coquet, Monsieur d'Heureux, les Sieurs Chicanneau, La Pierre, S. André, & Noblet.

Pour

Pour LE ROY. ALEXANDRE.

CE Prince qui paroiſt ſous l'habit d'Alexandre
N'eſt pas moins genereux, ny moins braue que luy,
Ce que l'vn fut jadis l'autre l'eſt aujourd'huy,
Et le plus clairuoyant s'y pouroit bien méprendre:
Ils ſe ſont diſtinguez par leurs faits éclatans,
Le Macedonien fut l'honneur de ſon Temps,
Ainſi que le François eſt l'ornement du noſtre,
Et la vertu meſlée à la proſperité
Semble les auoir mis vis à vis l'vn de l'autre
Pour en faire mieux voir la juſte égalité.

Tous deux préoccupez d'vne gloire infinie,
Tous deux grands, tous deux fiers autant que hazardeux,
Mais vſant de leurs droits differemment tous deux
Suiuant le train diuers de leur noble génie:
L'vn en vray Temeraire ayant tout vſurpé
Ayant conquis le Monde, & l'auoit diſſipé,
L'autre l'ayant ſauué des fureurs de Bellonne,
Luy donne enfin la paix comme vn tréſor exquis,
Et le ſçait gouuerner ſans l'aide de perſonne,
Ce qui n'eſt pas moins beau que de l'auoir conquis.

Mais toute chose égale entre ces grandes Ames,
Qui voudroit au surplus comparer leurs dehors,
Pour la taille, la mine, & les graces du corps
Alexandre eut perdu deuant toutes les Dames :
Les Temps n'ont rien sur nous que nous n'ayons
sur eux,
Et quelques forts que soient tant d'exemples fa-
meux
Qui pour venir a nous trauersent les tenebres
De la Grande, Heroïque, & Sage Antiquité,
Dans nostre Souuerain mille actions celebres
N'en preparent pas moins pour la Posterité.

Pour MADAME. ROXANE.

VN Monarque au milieu de toute sa splendeur
Oprimé sous le poids d'vne injuste Grandeur
De son Authorité cruellement jalouse
Laissa cette Beauté qui s'eschapa des fers,
Et le Prince acomply qui leut pour son Epouse
Se crût la possedant Maistre de l'Vniuers.

Aussi le Monde entier n'a rien de si parfait,
Et ce jeune Heros doit estre satisfait
Quy sur ce jeune Cœur emporte la victoire :
C'est ou l'Ambition termine son desir,

On ne va pas plus loin du costé de la Gloire,
Moins encore plus loin du costé du plaisir.

Il n'est rien de si doux, ni rien de si charmant,
Que le plus malheureux la regarde un moment
C'est un moment pour luy d'allegresse & de feste :
Elle mesme copie Alexandre le Grand,
Elle entasse toûjours conqueste sur conqueste,
Et ne veut rien garder de tout ce qu'elle prend.

Pour le Marquis de Villeroy.   ACHILLE.

IL est beau d'entrer en lice
Pour aprendre à vaincre Hector,
Il est bon d'aprendre encor
A se démesler d'Vlisse :
C'est à dire, Achille qu'il faut
Mettre deux vertus en usage,
Le Monde a besoin d'estre sage,
Il ne sufit pas d'estre chaud :
Excusez l'ardeur de mon zelle,
Vous auez à ce que je voy
La Teste parfaitement belle,
Et tres bonne à ce que je croy.

Pour le Marquis de Raſſan.   HERCVLE.

FAire vne diligence extreſme,
 A venir par Monts, & par Vaux,
En m'éloignant de ce que j'ayme
C'eſt le plus grand de mes Trauaux.

Pour la Ducheſſe de Sully.   BRISEIS.

CEtte captiue eſt fiere au ſouuerain degré,
 Elle ne ſouffre point, ou cache bien ſes peines,
Quelques vns volontiers ſe chargent de ſes chaiſnes
A quy je ne croy pas qu'elle en ſçache nul gré,
De Maiſtre on n'en ſçait point, mais ſy comme il
 peut eſtre
Il faloit que ſon Ame vn jour en eſſayaſt,
De quel rude eſclauage il faudroit qu'il payaſt
 L'oyſiue qualité de Maiſtre.

Pour la Marquiſe de Vibtaye.   MEDE'E.

SOrciere aimable & charmante,
 Dont ſur nous la force augmante
Quel mal n'aueZ vous point fait
Auec vos magiques armes?
Voſtre perſonne en effet
Eſt toute plaine de charmes,

Mais

Mais ils sont naturels, & ce sont les meilleurs,
Il faut absolument que le sort soit ailleurs,
 A force d'y prendre garde
 Ie l'ay trouué ; qu'on regarde
 Ces deux beaux pieds que voila
 Tout le maléfice est là,
 Quelle fatale énergie
 En dansant n'auez vous pas ?
 La veritable Magie
 Est attachée a vos pas.

Pour Mademoiselle de Seuigny. OMPHALE.

BLondins acoutumez à faire des conquestes,
Deuant ce jeune objet si charmant & si doux,
 Tout Grands Heros que vous estes
Il ne faut pas laisser pourtant de filer doux,
L'Ingrate foule aux pieds Hercule & sa massuë,
Quelle que soit l'offrande, elle n'est point reçeuë,
Elle verroit mourir le plus fidelle Amant
Faute de l'assister d'vn regard seulement,
Injuste procedé, sotte façon de faire,
Que la Pucelle tient de Madame sa Mere,
Et que la bonne Dame au courage inhumain
Se lassant aussi peu d'estre belle que sage,
Encore tous les jours aplique à son vsage
 Au détriment du Genre humain.

       N

Concertans d'Orphée.

Les Sieurs Piesche, Descousteaux, Destouches, Iean Hottere, Laquaisse, Marchand, Charlot, Broüard, la Fontaine, & Guerin.

RECIT D'ORPHEE.
Chanté par Mr de la Grille.

GRand Dieu des Enfers
Escoutez mes peines,
Celle que je sers
Languit dans vos chaisnes:
Ah! forcez du trespas
Les loix cruelles,
Et ne separez pas
Deux cœurs fidelles,
Où rompez ses liens
Où brisez les miens.

Ie viens sans horreur
Dans vos Palais sombres
Brauer la terreur,
La Mort, & les Ombres:
Tous les maux qu'aux Enfers

Souffrent les ames
Sont moindres que mes fers,
Et que mes flames;
Les plus cruels tourmens
Sont ceux des Amans.

Pour le Duc de S. Aignan. ORPHE'E.

DV desir de la gloire ayant l'ame échaufée,
Et toûjours aspirant à different Trophée
Vous descendeZ par fois dans le sacré Valon;
Vous y chanteZ vous mesme, & la Lire d'Orphée
N'en doit guére de reste à celle d'Apollon,
Tant vostre main sçauante en exprime vn doux
　son.

Meslant à vos lauriers les lauriers du Parnasse
Ou sont les beaux Esprits que le vostre ne passe?
Quoy n'écriueZ vous pas plus aisément qu'eux
　* tous?
Mais ce qui les console en pareille disgrace
C'est que la differance est grande entr'eux & vous,
Vous estes trop loin d'eux pour les rendre jaloux.

N'allez pas aux Enfers chercher d'vn soin extresme

Celle que vous aymez autant qu'elle vous ayme,
Vostre chaste Moitié n'ira jamais la bas,
Et si vous l'en croyez vous n'irez point vous
mesme,
Pour vous en empescher elle vous tend les bras,
Et quand on s'en tient là, sans doute on n'y va pas.

Pour le Comte d'Armagnac. OMBRE.

PAr tout la vanité de soy mesme présume,
Mais bien plus en Enfer à cause qu'il y fume,
A des corps d'icy haut quelque Ombre de la bas
Ne se changeroit pas,
Elle a tant de merite aussi pour son partage
Que le marché seroit a son desauantage.

FIN.

www.ingramcontent.com/pod-product-compliance
Lightning Source LLC
LaVergne TN
LVHW022204080426
835511LV00008B/1568